Sirenas

Escrito por Pauline Cartwright

Ilustrado por Patricia Ludlow

Dominie Press, Inc.

Director General: Raymond Yuen
Editor Ejecutivo: Carlos A. Byfield
Diseñador: Greg DiGenti
Ilustradora: Patricia Ludlow

Derechos de autor del texto © 2003 Pauline Cartwright
Derechos de autor de las ilustraciones © 2003 Dominie Press, Inc.

Derechos reservados. La reproducción o transmisión total
o parcial de esta obra, sea por medio electrónico, mecánico,
fotocopia, cinta magnetofónica u otro sin el consentimiento
expreso de los propietarios del copyright está prohibida al
amparo de la legislación de derechos de autor.

Publicado por:

Dominie Press, Inc.

1949 Kellogg Avenue
Carlsbad, California 92008 EE.UU.

www.dominie.com

1-800-232-4570

Cubierta de cartón ISBN 0-7685-2848-8
Impreso en Singapur por PH Productions Pte Ltd
1 2 3 4 5 6 PH 05 04 03

Contenido

Capítulo 1
Un mundo de misterio 5

Capítulo 2
Dioses antiguos y leyendas 9

Capítulo 3
**Cuentos exagerados
y criaturas marinas** 13

Capítulo 4
¡Imagínate! Una sirena mítica 18

Capítulo 1
Un mundo de misterio

¿Qué es una sirena?

Algunas personas antes creían en sirenas, criaturas que eran mitad mujer y mitad pez. Según la leyenda, vivían en el mar en palacios mágicos con jardines maravillosos. Algunas veces aparecían en la superficie, generalmente sentadas sobre las rocas, peinándose. Cantaban con una voz bella.

En casi todo el mundo se relataban historias de estas criaturas marinas. Hay muchas razones por las que surgieron estas historias.

Nuestro mundo y el mundo de hace mucho tiempo

Hoy en día, podemos viajar a todos los rincones del mundo, por barco, por avión, por tren o por carro. Hasta podemos viajar al espacio sideral.

Pero hace mucho tiempo, se viajaba a los lugares sólo a caballo o a pie, por lo que la gente no hacía viajes distantes. Durante toda su vida, muchas personas nunca viajaron a más de unas pocas millas de distancia de sus hogares.

Así que gran parte del mundo parecía un lugar misterioso. Había muchas cosas que las personas desconocían o no entendían.

Se preguntaban acerca de las cosas, y algunas cosas les asustaban. Con frecuencia también se imaginaban cosas. Pensaban que veían criaturas que realmente no existían. ¡Algunas veces todavía hacemos lo mismo! Los marineros de antaño salían al mar en barcos pequeños, mucho más inseguros que los barcos de hoy. La mayoría de los marineros pensaban que el mundo era plano y que si sus barcos navegaban muy lejos, se caerían del borde de la Tierra. Permanecían en alta mar durante meses, y algunas veces durante años, a la vez.

    Sus mapas no eran siempre precisos. Contenían frases como: "Aquí hay dragones". Debe haber sido fácil para ellos pensar que habían visto una sirena.

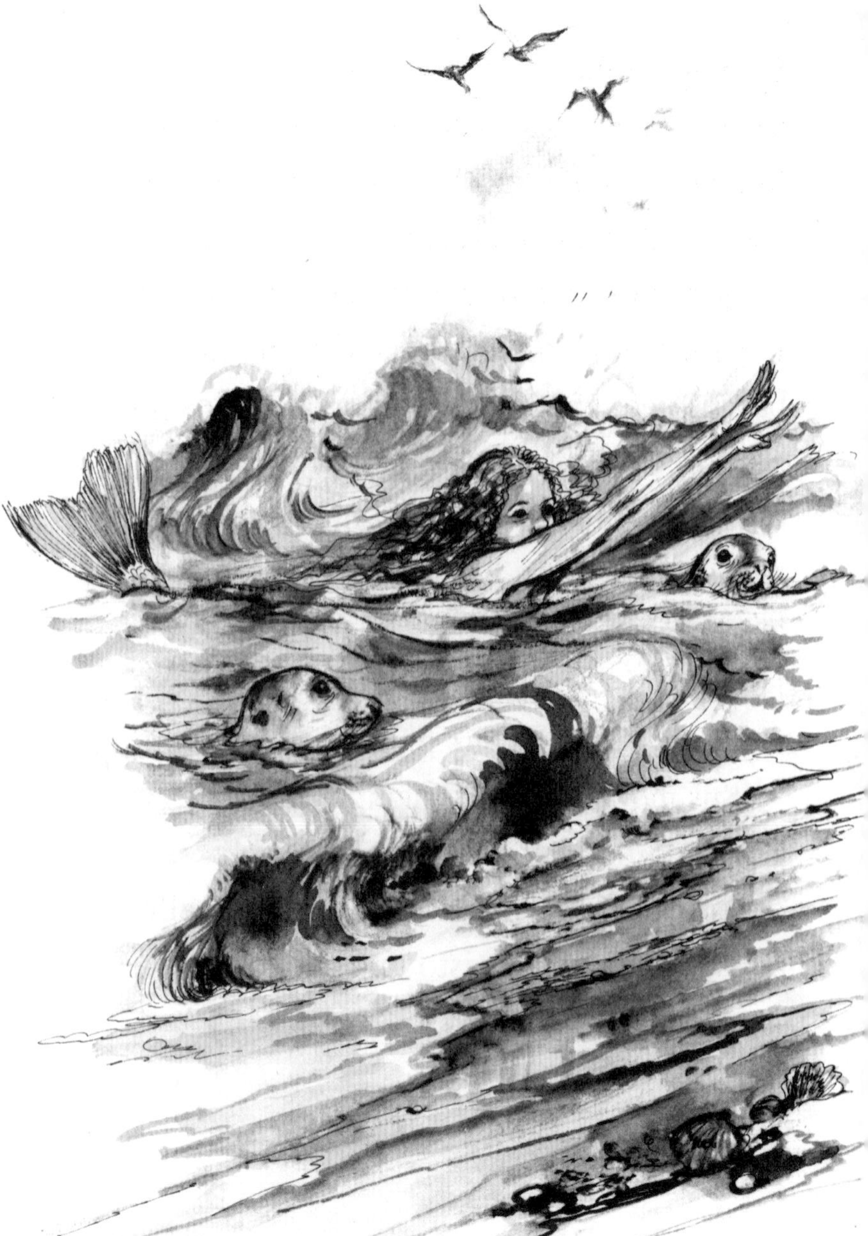

Capítulo 2
Dioses antiguos y leyendas

Reportes de sirenas

Todavía en los años 1900, se recibían reportes de la presencia de sirenas. La gente que sabía o leía de estos reportes comenzaron a pensar que habían visto sirenas.

Un reporte lo hizo un maestro que

caminaba por un sendero en Escocia. Dijo que había visto una sirena sentada sobre una roca peinándose. La roca se encontraba en un lugar peligroso en el mar, donde el maestro pensaba que nadie estaría nadando. Pero, probablemente, la "sirena" era un buen nadador que descansaba en una roca lejos de la costa.

Otro reporte describía a una sirena pegada en el lodo. (Sería fácil pensar que las piernas enlodadas de una persona, eran una cola como de pez). La persona que hizo este reporte dijo que la "sirena" no hablaba y que escapó rápidamente.

En tiempos pasados, la gente tenía poco entendimiento acerca de las personas de apariencia o costumbres diferentes. Así que no siempre podían explicarse las cosas.

Algunas veces tenían ideas extrañas cuando se encontraban a alguien que no era similar a ellos, ¡especialmente si esa persona se encontraba pegada en un pantano!

Dioses antiguos

La gente de muchas naciones en una época adoraban dioses asociados con el agua y el océano.

Se decía que una diosa marina de Babilonia tenía cola de pez. Se decía que un dios de la antigua Acadia (en lo que hoy es Iraq), era considerado mitad pez y mitad humano. Los griegos también creían en una diosa con cola de pez.

Los griegos contaban muchas historias acerca de otros habitantes extraños del mar, incluyendo las sirenas. Una sirena fue considerada ser parte mujer y parte ave. En las regiones costeras las sirenas se sentaban en rocas, peinándose. ¡Su canto era tan bello que los marineros que lo oían trataban de acercárseles a las sirenas, y se estrellaban contra las rocas!

Muchas otras personas, incluyendo los rusos y los Inuits, que viven en las costas árticas canadienses, tenían leyendas acerca de criaturas mitad hombre y mitad habitante marino. Como resultado, la gente antigua esperaba encontrar criaturas en el mar que eran por lo menos una parte humana.

Capítulo 3
Cuentos exagerados y criaturas marinas

Trucos

En el pasado, una forma de hacer dinero era exhibir una criatura que la gente consideraba extraña. En un circo famoso, P.T. Barnum puso en exhibición una "Sirena de Fiji". Se había cosido la parte de arriba de un mono a una cola de pescado. A la gente de hoy en día no se le engañaría con un truco de ese tipo.

Mamíferos marinos

La gente piensa que los marineros frecuentemente confundían los mamíferos marinos con las sirenas. Hace mucho tiempo, nadie sabía mucho acerca de las criaturas del océano, y a las mujeres no se les permitía viajar en los barcos. Habría sido fácil que los marineros que permanecían en alta mar durante mucho tiempo, se imaginaran ver a una sirena irse de una roca cuando estaban realmente viendo una foca deslizarse en el mar.

Algunos animales marinos hacen sonidos que realmente parecen humanos. Algunos, cuando nadan, hacen movimientos elegantes que los marineros pudieron haber confundido con los movimientos de una mujer nadando. La mayoría de los mamíferos

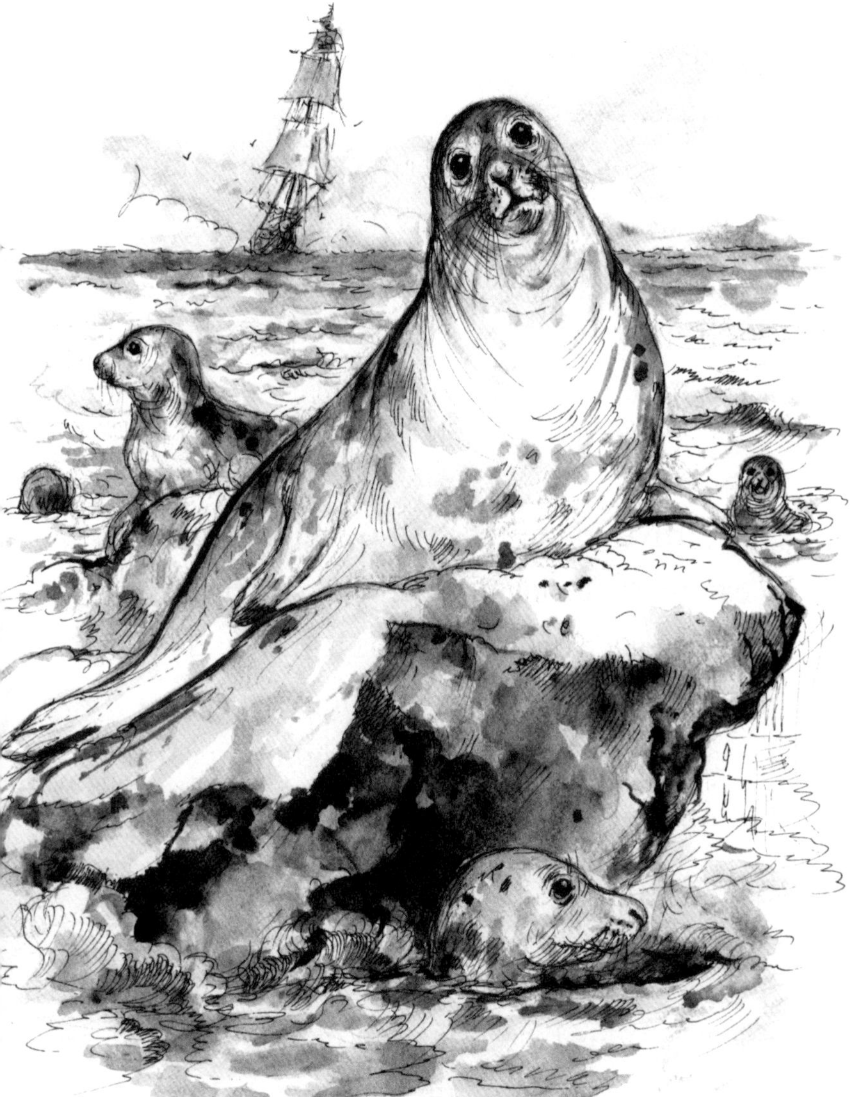

marinos nada y se asolea en las rocas.

Las focas tienen ojos grandes y caras enormes. Los dugongos o manatíes algunas veces aparecen fuera del agua amamantando a su cría entre sus aletas delanteras.

De manera que había muchas oportunidades para que los viajeros marinos confundieran lo que veían.

Historias

A través de muchos años, se han contado y escrito historias acerca de las sirenas, y algunas veces acerca de los tritones. Los marineros y otros viajeros algunas veces inventaban historias acerca de lugares que habían visitado para que sus viajes parecieran más dramáticos. Otras personas les creían porque ellas no podían o no les gustaba viajar, y así no podían saber por sí mismos si las historias eran ciertas o no.

Hoy en día, la gente viaja por todo el mundo diariamente, y sabemos que esas historias no son ciertas.

Un cuento de hadas que probablemente hayas leído es La pequeña sirena, escrito por el famoso autor de Dinamarca, Hans Christian Anderson. Una estatua de *La Pequeña Sirena* se encuentra en el puerto de Copenhagen, Dinamarca. Hans Christian Anderson escribió muchos cuentos de hadas, pero la historia de la sirena es la más conocida y apreciada en todo el mundo.

Capítulo 4
¡Imagínate!
Una sirena mítica

Un viejo cuento popular

Aquí se relata un cuento popular de Alemania. Se desconoce el autor de este extraño cuento.

El tritón y el granjero

Había una vez un tritón que vivía en un lago cerca de una granja. El granjero y el tritón eran buenos amigos.

Un día el tritón invitó al granjero a visitarlo en su hogar bajo el agua.

"¡Esto no es simplemente una casa!", dijo con un resuello el granjero. "Esto es un palacio".

El granjero charlaba y se reía con ánimo mientras miraba los cuartos grandes de la casa. Estaban bien decorados y llenos de tesoros.

Eventualmente llegaron al último cuarto. Había en éste, hileras de ollas puestas bocabajo.

"¿Para qué son estas ollas?", preguntó el granjero.

"Debajo de éstas guardo el alma de las personas ahogadas", dijo el tritón.

"No pueden escapar de ahí".

Al granjero se le apagó la sonrisa, y se puso pensativo.

Aún cuando estaba de regreso en su

casita, el granjero estaba pensativo. Estaba preocupado por esas almas atrapadas.

Vigiló al tritón por muchos días, hasta que se aseguró que éste no estaba cerca de su palacio. Entonces el granjero nadó hasta llegar al hogar del tritón. Pasó por todos los cuartos, hasta llegar al cuarto lleno de ollas.

Rápidamente volcó cada olla para que las almas cautivas pudieran escapar. Entonces con la misma rapidez, el granjero nadó de regreso por el hermoso palacio y de nuevo a su casa.

Nunca supo si el tritón descubrió o no lo que él había hecho. Pero estaba feliz de haberlo hecho.

FIN

Además de las sirenas, probablemente hayas oído hablar de unicornios, dragones, hombres lobo, vampiros y aves fénix. En una época, la gente creía que todos éstas criaturas existían, aunque nunca vieron a ninguna.

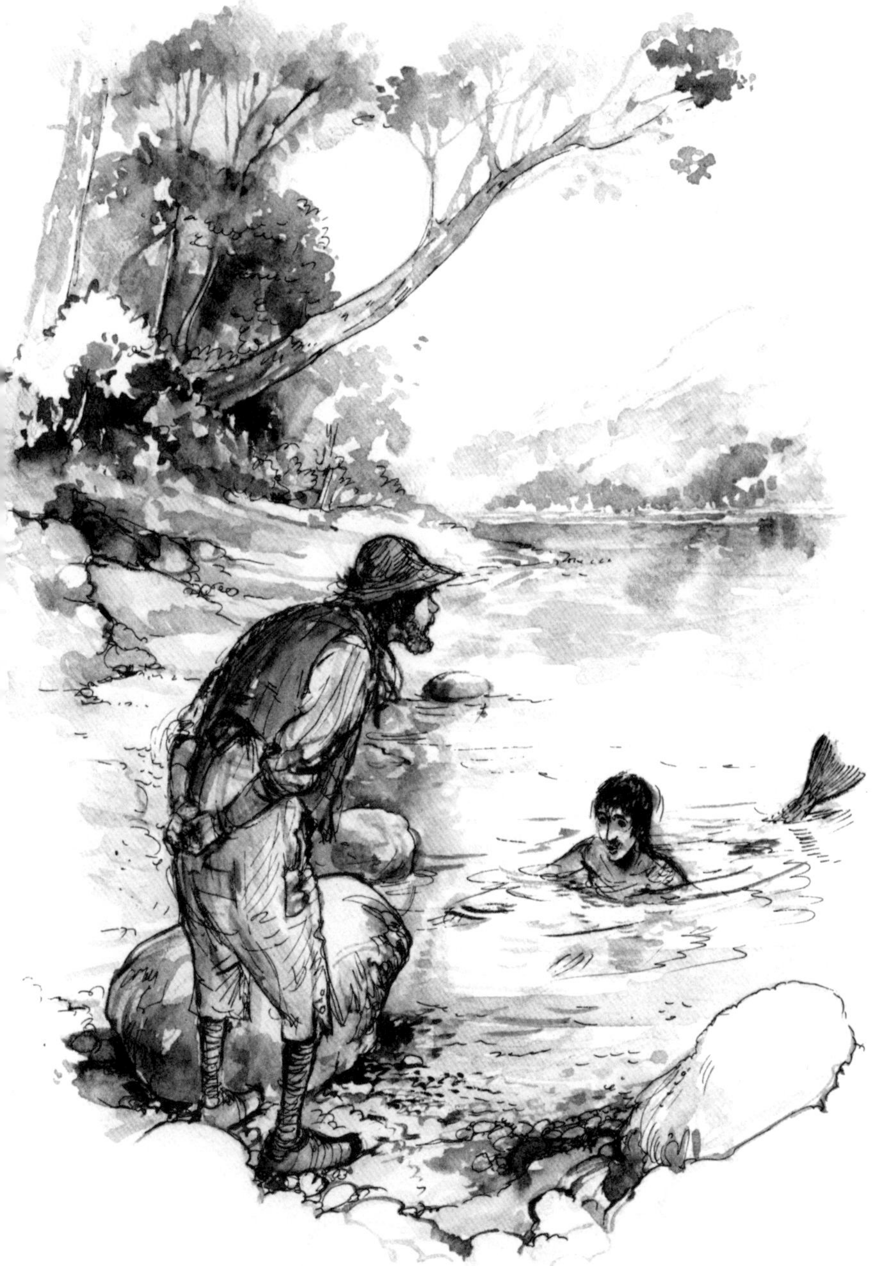

Muchas historias, llamadas mitos, fueron escritas acerca de esas criaturas. Todavía disfrutamos estas historias, aunque hoy en día sabemos que son míticas.